PROTESTATIONS

DES

CITOYENS FRANÇAIS

NÈGRES ET MULATRES

CONTRE

DES ACCUSATIONS CALOMNIEUSES

PAR

V. SCHOELCHER

REPRÉSENTANT DU PEUPLE (GUADELOUPE).

PARIS

DE SOYE ET Cᵒ, IMPRIMEURS

RUE DE SEINE, 36.

1851

Des accusations monstrueuses, sans cesse renouvelées par d'implacables ennemis et portées jusqu'à la tribune de l'Assemblée nationale ont été dirigées depuis peu avec une nouvelle violence contre les citoyens français nègres et mulâtres des Antilles.

Quand ces attaques se sont produites à la tribune, je les ai hautement qualifiées d'odieuses calomnies; quand elles se sont reproduites dans un journal de Paris, MM. Perrinon, Jouannet et Gatine les ont dignement stigmatisées; quand elles sont parvenues aux Antilles, elles ont soulevé, au sein de la population de couleur, un cri universel d'indignation; à la Guadeloupe, comme à la Martinique, mulâtres et nègres ont surmonté leur dégoût pour flétrir énergiquement de pareilles infamies.

Je mets avec une ferme assurance ces diverses protestations sous les yeux de l'Assemblée nationale et du public; je tiens à honneur de compléter ainsi l'œuvre bien commencée par mes amis en mon absence.

Que les honnêtes gens de tous les partis lisent et jugent; les citoyens français, nègres et mulâtres seront vengés.

V. SCHOELCHER.

PROTESTATIONS

DES

CITOYENS FRANÇAIS, NÈGRES ET MULATRES

CONTRE

DES ACCUSATIONS CALOMNIEUSES.

LETTRE DE MM. GATINE ET JOUANNET.

A M. le ministre de la marine et des colonies.

« Paris, 26 mars 1850.

« Monsieur le Ministre,

« Dans les graves circonstances où se trouvent les colonies, notamment la Guadeloupe, nous croyons devoir appeler votre attention sur des publications qui se rattachent d'ailleurs à des procès dont l'un de nous est chargé devant la Cour de cassation.

« Ces publications décèlent chez leurs auteurs un esprit d'animosité bien malheureux, et jamais peut-être l'emportement des passions de quelques hommes n'avait été si loin.

« La loi du 7 août 1850, sur les délits de la presse aux colonies, contient des dispositions qui ont pour objet d'amortir les antipathies de caste et de prévenir la guerre civile, en punissant les excitations à la haine et au mépris *entre les anciennes classes* de la population coloniale. Ce ne sont pas du moins les mulâtres, tant accusés, qui auront sitôt justifié l'opportunité de ces dispositions répressives (1). C'est contre eux que les excitations éclatent avec une déplorable recrudescence.

« Déjà, dans un compte-rendu de l'affaire Casterat et autres, jugée par le conseil de guerre de la Guadeloupe, les 13 et 14 juin dernier, on avait dressé pour ainsi dire l'acte d'accusation de l'ancienne classe de couleur tout entière. Les outrages et les imputations les plus odieuses avaient été prodigués aux hommes de cette ancienne classe. (*Gazette des Tribunaux* du 24 juillet 1850.)

« Et de nouveau, à l'occasion d'un autre procès criminel qui vient de se dénouer par la condamnation aux travaux forcés à perpétuité d'un noir, nommé Hubert, déclaré coupable d'incendie, les mêmes attaques se sont reproduites avec plus de violence encore. (*Gazette des Tribunaux* du 21 septembre 1850.)

« Hubert aurait été poussé au crime par

____

(1) Sans prétendre blâmer mes amis, j'ai besoin de déclarer que je ne m'associe pas à leur éloge de la loi du 7 août 1850, ni aux passages de leur lettre qui demandent son application.

un des hommes auxquels on suppose une grande influence sur les noirs et que l'on appelle à la Guadeloupe des *meneurs*, M. Alphonse Augustin, condamné lui-même à la peine de mort par contumace. C'est du moins ce qui résulterait des déclarations d'Hubert, d'après le compte-rendu. Et assurément les déclarations d'un coupable qui, pour obtenir des circonstances atténuantes, rejette sur autrui la responsabilité de son crime, ne sont pas une preuve judiciaire bien décisive.

« Quoi qu'il en soit, cette affaire a été pour l'auteur du compte-rendu le prétexte des attaques *générales* que nous vous signalons.

« Aux colonies, la calomnie est ardente, l'antagonisme des anciennes classes est poussé au dernier degré d'exaspération et fait peser trop facilement sur elles la solidarité des suspicions qui peuvent s'attacher à des individus. Dans ce milieu social, des publications comme celles dont il s'agit ne sont pas seulement de tristes et regrettables mensonges; ce sont de grands périls publics.

« Nous avons lu avec satisfaction, dans le compte-rendu du procès Hubert, que M. le capitaine rapporteur n'a pas généralisé ses accusations contre un homme de l'ancienne classe de couleur, absent d'ailleurs, et qui, dans un moment de crise, privé de ses juges naturels, s'est soustrait par la fuite à l'action de la justice militaire.

« Comment le compte-rendu n'a-t-il pas imité, à son tour, cette réserve?

« Voici qu'on y lit :

(CORRESPONDANCE PARTICULIÈRE.)

Incendies. — Partage des terres. — Expulsion des blancs par les mulâtres. — Affaire Hubert.

« La Guadeloupe, après avoir été longtemps un lieu de travail, au sein *d'une vie douce* et calme (1), est devenue, *au souffle des mulâtres*, un repaire de socialisme, de ruine et d'incendies. Déjà les journaux conservateurs de la colonie avaient appelé l'attention du gouvernement sur leurs trames odieuses : substitution aux blancs dans la propriété et l'administration en les expulsant de l'île, partage des terres comme moyen de fanatiser les noirs et de les pousser au crime, ces feuilles avaient tout dévoilé ; mais une main inconnue paralysait toujours leur œuvre de vérité et d'ordre ; aujourd'hui la lumière s'est faite, et s'il y a une justice

(1) Je crois bon de faire remarquer que c'est de l'esclavage que le correspondant de la *Gazette des Tribunaux* parle ainsi.

sur la terre comme il y en a une au ciel, les révélations d'Hubert sont la perte inévitable des révolutionnaires des Antilles françaises.

« On ne saurait trop le dire et trop le répéter, les mulâtres, à d'honorables exceptions près, rendront impossible le travail et la conciliation, tant qu'ils conserveront l'espoir de s'ériger en dominateurs. Ils repoussent même l'égalité, ce n'est pas assez pour eux. L'œuvre d'une bonne administration coloniale doit tendre exclusivement à détruire, *par l'énergie* de ses actes, les illusions qu'ils se plaisent à entretenir ; autrement, elle s'appuierait sur les principes les plus antisociaux, la loi agraire et l'expulsion des blancs, de ceux qui ont fondé dans ce pays l'agriculture et la civilisation. Que d'exemples n'ont-ils pas donnés dans ces derniers temps de leur esprit de révolte contre la société et de leur haine contre les enfants de la France !... Pas une commune qui n'ait eu ou n'ait encore son chef et son comité directeur, composé entièrement d'hommes de cette classe.

« Aujourd'hui c'est sur Alphonse Augustin, quoiqu'en fuite, que se concentre tout l'intérêt du procès actuel, tant son influence s'est étendue et a causé de mal. Hubert, simple et vil instrument, n'inspire que de la pitié, tandis que le nom d'Alphonse Augustin est dans toutes les bouches. Il paraît que sous des dehors civilisés, il cache une âme d'une énergie sauvage ; sous des traits doux et francs, l'astuce et la cupidité. C'est ainsi que tout en professant, à haute voix, l'amour des noirs, il les trompe indignement ; etc. »

Antérieurement, dans l'article concernant l'affaire Casterat, la *Gazette des Tribunaux* disait :

« La malheureuse Guadeloupe est sur le bord d'un abîme : tremblement de terre du 8 février 1849... Révolution de février réveillant chez les *hommes de couleur* les appétits de domination et *l'idée assoupie de l'expulsion des blancs par le chômage et l'incendie ;* une *armée de conspirateurs* glissant la nuit dans les habitations pour y propager l'esprit de révolte... tout conspire à sa ruine... *Vive la guillotine ! mort aux blancs !* Tel est le cri de ralliement de ces hordes barbares puisant dans une société secrète, fortement organisée, le *fanatique espoir* de renouveler Saint-Domingue... Aujourd'hui, la lutte est entre l'élément européen et la *race métis ou mulâtre,* dont les noirs servent aveuglément les desseins... Cinq mulâtres, deux noirs (1) ! *L'a-*

____

(1) Il y avait sept jeunes gens inculpés dans l'affaire dite Castera.

nimosité des mulâtres se révèle par leur nombre ! CE SONT EUX, EN EFFET, QUI DIRIGENT ET ENTRETIENNENT LA GUERRE CIVILE ; PAS UN DÉSORDRE DONT ILS NE SOIENT LES INSTIGATEURS ET LES MENEURS ! PAS UNE RÉSISTANCE A L'AUTORITÉ dont ils n'aient donné le signal…, etc. »

« Ces violentes diatribes des conservateurs, aux colonies, ne rappellent que trop les attaques insensées et furibondes dont furent poursuivis les abolitionistes qui préparaient l'émancipation par les voies légales. Du reste, les autorités métropolitaines sont-elles épargnées elles-mêmes, et chaque jour les plus audacieuses calomnies ne sont-elles pas publiées contre un directeur et un secrétaire général qu'il est facile de reconnaître ?

« Le grand mot de *substitution*, imaginé par ceux qui inspirent ces publications criminelles, est, on le sait, une amère dérision, lorsque la presque totalité des emplois est aux mains des hommes de race européenne et que les mulâtres en possèdent à peine quelques-uns dont on s'efforce tous les jours de les priver, en dépit du principe de l'égalité que le gouvernement et la commission coloniale veulent pourtant sans doute défendre et maintenir.

« Les conspirations, les trames, les exci-

tations au chômage, à la révolte, à l'incendie, à la guerre civile enfin, ne sont-elles
pas démenties hautement par les faits, par
le concours des mulâtres, en cent occasions,
depuis deux ans et demi pour le maintien ou
le rétablissement de l'ordre et du travail?

« Si tant d'infâmes accusations, systématiquement répétées, pouvaient avoir, en effet,
le caractère de généralité qui leur est donné,
les bons citoyens devraient sans doute op-
poser leur vigilance *à l'armée des conspirateurs,*
et seconder de tous leurs efforts l'œuvre de
la justice; mais rendre toute une classe
solidaire et responsable devant l'opinion publique, devant la France; prendre les journaux de la métropole, après ceux des colonies, pour écho des plus audacieuses et des
plus mensongères diffamations, c'est appor-
ter soi-même le trouble le plus grave à la
paix publique.

« Fut-il jamais des accusations plus posi-
tives, plus irritantes, provoquant davantage
à la haine et au mépris des classes ou des
citoyens entre eux?

« En fut-il jamais aussi de plus générales,
de plus collectives, de plus dangereuses enfin
dans des circonstances si critiques?

« La *Gazette des Tribunaux,* par ignorance
sans doute de ces dangers et de la situation
coloniale, prête imprudemment sa publicité

à des passions qui ne sont pas le moindre obstacle dans l'œuvre de paix et de régénération progressive dont nous poursuivons l'accomplissement de tous nos efforts.

« Ses articles sont destinés sans aucun doute à être reproduits, propagés et colportés dans les colonies par ceux qui les ont écrits ou propagés.

« Si la justice n'est pas un vain mot, si la loi du 7 août 1850 a été nécessaire, si elle protége indistinctement tous les citoyens aux colonies, vous penserez sans doute, M. le Ministre, qu'il y a des mesures à prendre pour préserver la malheureuse Guadeloupe des dangers dont elle est menacée par ces explosions des vieilles haines.

« Il importe que la France connaisse les audacieux calomniateurs qui jouent ainsi la paix de ses colonies et semblent prendre à tâche de rendre la fusion impossible, en allumant dans leur pays l'incendie des passions antisociales.

« Que ces instigateurs de haine et de trouble soient de mauvais citoyens, malgré le titre de conservateurs qu'ils usurpent, c'est évident ; mais cela ne suffit pas ; il faut arrêter leur audace et leur imposer le frein salutaire des lois.

« Accusée d'en appeler sans cesse à la révolte, l'ancienne classe de mulâtres n'en appellera pas vainement à la loi et à la haute impartialité de M. le Ministre de la marine.

« Nous sommes très-respectueusement,

« M. le Ministre de la marine, etc.,

« Signés : Ad. GATINE,

« Ancien commissaire général à la Guadeloupe.

« JOUANNET,

« Représentant du peuple.

LETTRE DE M. PERRINON.

A M. le rédacteur en chef de la République.

« Les Thernes, 30 septembre 1850.

« Monsieur le Rédacteur,

« On me communique, aujourd'hui seulement, un article de la *Gazette des Tribunaux*, du 21 courant, intitulé : INCENDIES, PARTAGE DES TERRES, EXPULSION DES BLANCS PAR LES MULATRES, etc.; article où, sous prétexte de compte-rendu des audiences du conseil de guerre de la Pointe-à-Pître, les hommes de couleur de la Guadeloupe sont indignement calomniés. Comme représentant élu dans cette colonie, comme ayant, de plus, l'honneur d'appartenir à cette classe de citoyens, je ne dois pas laisser passer de pareilles attaques sans les relever. Permet-

tez-moi donc, Monsieur le Rédacteur, d'user
de votre publicité pour y répondre.

« Je m'efforcerai d'être bref. Aussi, sans
examiner si un journal judiciaire a le droit
d'injurier, non-seulement des accusés, que
leur position même devrait protéger, mais
encore la portion la plus considérable de la
population de nos départements d'outre-mer,
de représenter les noirs comme des brutes
que les mulâtres poussent au massacre des
blancs et à l'incendie des propriétés par la
promesse du partage des terres; je dis tout
d'abord que le journal qui édite d'aussi
monstrueuses accusations commet au plus
haut degré le délit reproché aux mulâtres :
celui d'excitation à la haine des citoyens entre eux. Les passions qui s'exaltent sous le
soleil brûlant des tropiques peuvent à peine
faire excuser les violences de la polémique
des organes de l'opinion aux Antilles ; à plus
forte raison, en France, les journaux qui se
respectent doivent-ils s'abstenir de décla-
mations aussi extravagantes qu'odieuses.

« Cependant ce n'est pas la première fois
que la *Gazette des Tribunaux* ouvre ses colon-
nes à des attaques de cette nature. Déjà son
correspondant, glanant à la suite des conseils de guerre, est venu mettre au ban de la
civilisation les émancipés de 1830 et ceux
de 1848. Il a dit, en parlant des mulâtres :

« *Ce sont eux qui dirigent et entretiennent la*
« *guerre civile. Pas un désordre dont ils ne soient*
« *les instigateurs et les meneurs, pas une résis-*
« *tance à l'autorité dont ils n'aient donné le si-*
« *gnal.* Quant aux noirs, toujours inquiets
« sur leur liberté, que les mulâtres leur re-
« présentent comme menacée, leurs attaques
« doivent inspirer plus de pitié que de haine ;
« mais elles n'en sont pas moins hardies et
« portent avec elles *un caractère de férocité*
« *native.* » (*Gazette des Tribunaux* du 24 juil-
« let.)

« A cette époque, on le voit, l'insulte n'é-
tait pas ménagée ; mais aujourd'hui, chose
atroce ! c'est au moment où la tête d'un condamné tombe sous la hache de l'exécuteur,
que ce correspondant procède moralement
à une autre exécution, et, en attendant que
le fatal billot soit de nouveau dressé pour les
deux malheureux que la justice militaire
adjuge encore au bourreau, il cloue au pilori
les mulâtres et les nègres, et les désigne aux
vengeances des partis !

« Il fallait qu'elles fussent bien puissan-
tes les préoccupations de cet insulteur anonyme, pour qu'il n'ait pas compris que c'é-
tait dépasser le but qu'il se proposait, que
de faire un semblable appel aux ressenti-
ments de castes en d'aussi graves conjonc-
tures. Comment ! c'est lorsque la peine de

mort qui, depuis quinze années, n'a pas été
appliquée dans les colonies, emprunte le
hideux appareil des temps barbares, et que
la décapitation par la hache inaugure aux
Antilles une ère de terreur, — car on s'efforce de donner à cet horrible drame une
portée politique, — qu'on ose reprocher aux
mulâtres « de rendre impossible la conciliation ! » C'est en écrivant que la lumière
s'est faite et que *la perte* des révolutionnaires
est *inévitable*, que l'on accuse ceux que l'on
désigne ainsi de vouloir « l'expulsion des
blancs, de ceux qui ont fondé dans ce pays
l'agriculture et la *civilisation !* » Ah ! si la con-
tradiction n'était pas flagrante, pour repousser ces calomnies je n'aurais qu'à rappeler
quelle fut, au jour de la proclamation de la
liberté, la conduite de ces hommes que l'on
insulte maintenant. Je pourrais les montrer, oublieux des mépris passés, employer
la légitime influence qu'ils doivent à une
commune origine, et dont on leur fait un
crime à cette heure, à effacer du cœur de
leurs frères, naguère esclaves, les poignants
souvenirs d'un esclavage séculaire !

« Quant à ces noirs, à *ces barbares africains,*
comme les nomment les *modérés,* ont-ils
jamais compté les cicatrices dont les coups
de fouet des prétendus *fondateurs de la civilisation* avaient sillonné leurs corps pour en

demander vengeance? N'ont-ils pas, au contraire, pardonné à leurs anciens maîtres les tortures de la servitude en devenant leurs égaux, tandis que, parmi les *civilisateurs*, il en est qui ne peuvent pardonner à leurs anciens esclaves leur liberté et la ruine d'odieux priviléges !

« Mais pourquoi remonterais-je jusqu'à l'émancipation pour confondre le correspondant particulier de la *Gazette des Tribunaux?* La passion l'aveugle et nuit au succès de son réquisitoire, car où puiserait-il le droit de soutenir que *les mulâtres repoussent même l'égalité,* lui qui, quelques lignes plus bas, divise la société coloniale en deux catégories, en parlant de la *haine* des hommes de couleur *contre les enfants de la France?* Ignore-t-il donc, cet agent de discorde, que ces ennemis des enfants de la France versèrent leur sang pour défendre la Guadeloupe pendant les guerres de notre première République, jusqu'au moment où les lâches, qui n'étaient pas de race nègre, la livrèrent aux Anglais?

« D'ailleurs, à quelle occasion tant d'injures sont-elles dirigées contre l'immense majorité des citoyens de la Guadeloupe? C'est sur la déposition d'un misérable qui, après s'être accusé d'avoir mis le feu aux cases d'une habitation, est venu devant le conseil de guerre, et sous le coup d'une accusation capitale, dénoncer comme son complice un mulâtre hostile aux prétentions des grands propriétaires. Je le répète, c'est sur le seul témoignage de cet homme, heureux d'échapper au sort de Sixième par les travaux forcés, que ce mulâtre, M. Alphonse Augustin, a été condamné à mort! Je n'ai pas à discuter ce jugement : il appartient à l'histoire coloniale, comme ceux rendus à la Martinique, en 1824, en 1831, en 1834; mais le fait que je signale, et qui résulte du compte-rendu publié par la *Gazette* elle-même, aurait dû, ce me semble, empêcher ce journal d'accepter la solidarité des calomnies de son rédacteur d'outre-mer.

« Celui-ci, au reste, n'est pas heureux dans ses commentaires. Il prétend que les mulâtres espèrent « *s'ériger en dominateurs : que l'œuvre d'une bonne administration coloniale doit donc tendre exclusivement à détruire, par l'énergie de ses actes, les illusions qu'ils se plaisent à entretenir;* » et précisément le dernier packet nous apporte un exemple qui montre quels sont ceux qui veulent s'ériger en dominateurs dans ces malheureux pays.

« En effet, un sieur X..., *habitant propriétaire*, est en ce moment poursuivi pour avoir fait *mettre aux fers*, chez lui, une pauvre femme enceinte qu'il employait en qualité de blanchisseuse, et avec laquelle il était en discussion d'intérêt. Cette malheureuse est restée pendant six longues heures le pied droit passé dans un anneau fixé à une barre scellée dans la cloison, et elle y serait peut-être demeurée plus longtemps si la gendarmerie, qu'avait envoyé chercher M. X..., pour l'arrêter, n'eût mis un terme à son supplice. Conduite à la geôle, elle fit une fausse couche en arrivant! Cette séquestration et cette torture ne rappellent-elles pas les plus mauvais jours de l'esclavage? (1)

« Et qu'on ne dise pas que c'est là un fait isolé, qui ne prouve rien quant aux tendances des coryphées de la réaction coloniale. Je pourrais établir le contraire en reprenant une à une toutes les mesures adoptées, soit par les autorités locales, soit par le ministre de la marine lui-même. Les injures des organes des aristocrates de la peau ne sont que le complément de ce système de compression. La calomnie doit étouffer la pitié et la justice : publicité mensongère en France, état de siége à la Guadeloupe, telles sont les nécessités fatales de la politique suivie aux colonies. M. Romain-Desfossés

____

(1) L'auteur de cette séquestration éminemment civilisatrice a été condamné. Le fait est avéré.

(Note de M. V. Schœlcher.)

n'a-t-il pas déclaré à la tribune que les af-
franchis ignorent *que l'inceste, l'adultère, l'incendie, le vol sont des crimes ?*

« Après cette profession de foi du ministre,
s'étonnera-t-on de ce que les conseils de
guerre ne suffisent pas aux rancunes de certains colons ? Ceux-ci trouvent encore la
justice militaire trop lente. Le pourvoi en
cassation, surtout, leur paraît incompatible
avec le salut de la société coloniale. Aussi le
conseil privé de la Guadeloupe, fidèle écho
des passions des meneurs, a-t-il émis der-
nièrement le vœu, « dans le cas où la Cour
« de cassation reconnaîtrait que le recours
« à sa juridiction est de droit pour les indi-
« vidus non militaires, et afin que la loi du
« 9 août 1849 produise à une aussi grande
« distance de la métropole les résultats im-
« médiats que le législateur a voulu en faire
« découler, qu'un haut tribunal puisse être
« *substitué*, dans la colonie, à la Cour de
« cassation, pour l'examen des pourvois de
« l'espèce... » Pour remplir ces importantes
fonctions, le conseil privé propose, quoi ? le
conseil privé ! Voilà comment les *notables* de
la colonie comprennent les garanties que la
loi doit accorder aux justiciables !

« Ce vœu n'est qu'absurde ; mais M. Romain-Desfossés a été plus loin encore : il a
supprimé le droit de recours en grâce con-

sacré par la Constitution. Quelque incroyable
que cela soit, en voici la preuve, extraite de
cette même délibération du conseil privé de
la Guadeloupe, relative à l'affaire du condamné Isery, dit Sixième, dont l'exécution a
offert un si horrible spectacle. Je cite les paroles du commandant militaire :

« Le gouvernement, a-t-il dit, à l'égard
« des jugements portant condamnation aux
« peines capitales, afflictives ou infamantes,
« s'était réservé le droit d'un examen appro-
« fondi de la procédure ; il ordonnait de sur-
« seoir à l'exécution, et décidait s'il y avait
« lieu ou non de recourir en grâce. Cette
« disposition, rendue applicable aux colo-
« nies, a été modifiée en ce sens (*lettre mi-*
« *nistérielle du 16 février dernier,* n° 57), que
« les gouverneurs en conseil privé pourront,
« après les jugements définitifs, *ordonner les*
« *exécutions à la peine capitale.* »

« Ainsi, voilà qui est positif, le droit de
grâce est confisqué par le ministre de la marine ! Cette magnifique prérogative, que le
président de la République exerce en conseil
d'Etat, est supprimée par simple dépêche mi-
nistérielle ! Je n'insisterai pas ici sur cette
violation flagrante du droit commun ; M. Romain-Desfossés aura à en rendre compte ailleurs. Je me résume : Juridiction militaire,
suppression du pourvoi en cassation, sup-

pression du recours en grâce, tel est le régime réclamé ou créé par les soi-disant défenseurs de l'ordre aux Antilles!...

« J'ai fini, monsieur le Rédacteur; car les faits incontestables que je viens de produire établissent de quel côté sont les *trames,* les *principes antisociaux* dont parle la *Gazette des Tribunaux.* C'est à l'opinion publique à prononcer.

« A.-F. PERRINON,
« Représentant du peuple (Guadeloupe). »

(*La République.*)

PROTESTATION DE LA MAJORITÉ A LA GUADELOUPE CONTRE LES ATTAQUES DE LA *Gazette des Tribunaux* ET DU *Journal des Débats.*

A Messieurs les membres de l'Assemblée législative.

« Pointe-à-Pître, 28 octobre 1850.

« Messieurs,

« L'immense majorité de la population de la Guadeloupe, calomniée dans les comptes-rendus publiés par la *Gazette des Tribunaux,* des 24 juillet et 21 septembre 1850 et par le *Journal des Débats* du 22 septembre, affaires Isery, dit Sixième, Castera, Hubert et Alphonse Augustin, jugées par le conseil de guerre permanent de la Pointe-à-Pître, et justement indignée des outrages et des imputations odieuses que renferment ces publications, éprouve l'impérieux besoin de protester avec toute l'énergie de la conscience et de l'honneur outragés, contre ces abominables et criminelles qualifications, *d'excitateurs au chômage, à la révolte, à l'incendie, à l'extermination de la race européenne*, et de les repousser, mais avec le calme et la dignité qui conviennent à une population honnête, dévouée au maintien de l'ordre et de la tranquillité publique.

« Que la France et l'Europe civilisée l'entendent une fois pour toutes : non, les nègres et les mulâtres n'en veulent ni à l'ordre, ni à la propriété, ni à la famille, ni à la race à laquelle les colonies sont redevables des bienfaits de la civilisation dont elles ont le bonheur de jouir au sein du pays régénéré par la liberté ; non, ils ne sont pas des communistes, des missionnaires de doctrines impossibles, du reste inconnues dans nos contrées ; non, ils ne veulent pas s'ériger en dominateurs et rendre la conciliation impossible, témoin la manière toute pacifique avec laquelle s'est accomplie, aidée de notre concours, la transformation politique et sociale du pays.

« A ces violentes et infâmes diffamations

systématiquement dirigées et répétées contre
toute une classe d'hommes, elle oppose victo-
rieusement son passé et en appelle aux té-
moignages d'hommes honorables et con-
sciencieux , des fonctionnaires intègres et
impartiaux qui ont administré la Guadeloupe,
en un mot, à MM. le gouverneur Layrle, le
commissaire général Gatine et le procureur
général Bayle-Mouillard.

« Il importe, MM. les représentants, que
la France sache et soit bien persuadée que
c'est en haine de l'égalité que les ennemis de
l'émancipation nous livrent cette guerre sans
merci ni pitié. L'égalité fait mal au cœur à
ceux qui l'ont naguère si obstinément com-
battue et qui, jusqu'à ce jour, n'ont pas eu
encore le courage et le patriotisme d'accepter franchement et résolument les consé-
quences d'un fait accompli.

« Ainsi, c'est dans l'unique but de recon-
quérir leur domination et de ressaisir leurs
priviléges abattus par la révolution, qu'ils
cherchent à nous déconsidérer aux yeux de
la France et de l'opinion publique, en évo-
quant contre nous le fantôme de l'anarchie
et du socialisme.

« Si la loi sur la presse aux colonies a été
votée spécialement en vue de conjurer l'immense danger de la guerre civile, c'est à coup
sûr le moment d'en faire l'application aux

excitateurs à la haine et au mépris des anciennes classes.

«Que les artisans de haine, de fermentation, de troubles et de divisions dans les colonies soient recherchés dans quelque rang de la société qu'ils se trouvent et qu'ils reçoivent le juste châtiment des lois qu'ils enfreignent, c'est le moyen de faire cesser l'antagonisme qui rend impossible la conciliation et le développement de la prospérité publique, but suprême où tendent tous les efforts des honnêtes citoyens.

« Nous sommes, etc.

« Suivent les signatures, parmi lesquelles nous remarquons celles des citoyens :

« *L.-Joseph Lisout, ex-maire de la Pointe-à-Pitre; — O. Bloncourt, ex-premier adjoint; — Louisy Mathieu, ex-constituant, ex-conseiller municipal; — Jouannet, ex-capitaine des pompiers de la milice; — Citardy, —. Peter Claret, — Dugard Ducharmoy, — Jouannet père, — Chovo aîné, — Zoel Agnès, — A. Guercy, — L. Réaux, — Semac, — C. Bloncourt, — Melfort Bloncourt, — A. Castera, — Ch. Fabius, — G. Servient, — A. Augeron, — Zoel fils, — A. Penny, — Ernest Zénon, — V. Fort, — E. Albon, — T. Daguin, etc. »*

LETTRE DE M. LOUISY MATHIEU.

EX-CONSTITUANT.

À M. le rédacteur en chef du National.

« Pointe-à-Pitre, le 28 octobre 1850.

« Monsieur,

« Veuillez, je vous prie, insérer dans votre estimable journal ces quelques lignes que j'ai l'honneur de vous adresser, en réponse aux calomnies publiées par la *Gazette des Tribunaux* des **24** juillet et **21** septembre 1850, sur la foi de son correspondant d'outre-mer. Il est de mon devoir de repousser de semblables attaques, car j'ai eu l'honneur de représenter la Guadeloupe. Membre de l'Assemblée constituante, j'ai défendu autant que j'ai pu les intérêts de mon pays; aujourd'hui, il m'appartient plus qu'à tout autre, peut-être, de protester contre d'odieux mensonges.

« Je proteste donc, au nom de tous les nègres honnêtes, et je déclare qu'ils n'ont jamais servi d'instruments à qui que ce soit au monde; je proteste également, avec tout l'amour qu'un nègre peut avoir pour ses frères mulâtres, et je dis mieux, pour tous les blancs honnêtes, que jamais personne n'a pensé ni à la substitution, ni à l'extermination, ni au partage des terres, ni à l'incendie, et je repousse avec indignation ces misérables accusations que des hommes haineux s'efforcent de faire peser sur toute une classe de citoyens.

« Que la justice régulière poursuive les criminels, s'il y en a, à quelque classe qu'ils appartiennent ; mais que l'on ne vienne pas, par de basses manœuvres, dénoncer à la France la portion la plus nombreuse de la population coloniale, pour ressaisir toutes les fonctions publiques et la prépondérance que la révolution de Février avait partagées.

« Je termine, Monsieur le rédacteur ; car un homme de cœur flétrit la calomnie et ne la discute pas.

« Salut et fraternité.

« Louisy Mathieu,
« Ex-représentant pour la Guadeloupe. »

PROTESTATION DE LA MINORITÉ A LA MARTINIQUE CONTRE LES EXCITATIONS A LA HAINE ENTRE LES ANCIENNES CLASSES DE LA POPULATION COLONIALE PUBLIÉE EN FRANCE.

La *Gazette des Tribunaux*, le 24 juillet et

le 21 septembre dernier, le journal des *Débats*, notamment à la date du 22 septembre 1850, ont accepté d'une source impure des calomnies, sans nom d'auteur, contre l'ancienne population de couleur, représentée, avec une malveillance indigne de la loyauté française, comme une *horde de barbares, inspirant des crimes aux noirs, et rendant impossible le travail et la conciliation.*

Déjà l'ancien commissaire général à la Guadeloupe, M. Gatine, défenseur en cassation des condamnés du conseil de guerre de cette île, parfaitement en condition de connaître la vérité, et M. Jouannet, représentant du peuple, dont la famille habite la Pointe-à-Pître, ont signalé à monsieur le ministre de la marine et des colonies ces publications haineuses destinées à fausser l'opinion en France, et à raviver aux îles des inimitiés implacables.

Déjà une partie de la population outragée s'est émue à la Pointe-à-Pître, et a jeté à la publicité un cri de détresse sous forme d'adresse à l'Assemblée législative ; malgré l'état de siége, elle n'a pu contenir sa légitime indignation, tant il est vrai qu'il y a dans le cœur humain des sentiments incompressibles.

La Martinique ne reste pas insensible à ces attaques générales et systématiques qui rap-

pellent les plus mauvais jours A Saint-
Pierre, la minorité, qu'un représentant co-
lonial, du haut de la tribune, qualifiait
d'infime, et jugeait prête à se rallier *par intérêt* sous la bannière de son collègue vain-
queur, après avoir apprécié les inconvé-
nients d'une manifestation collective, m'a
donné spontanément et spécialement le man-
dat de protester en son nom contre ces accusations toujours renouvelées, qui trahissent
des antipathies aussi profondes qu'incurables.

Le sol des Antilles est la patrie commune
de trois races qui y vivent sous la même
nationalité ; si l'une d'elles est la moins nombreuse, elle est la plus forte, parce qu'elle
se recrute sans cesse dans la mère-patrie
dont la puissance imposante est une garantie
rassurante et souveraine. La plus faible,
sans contredit, est celle que la calomnie
poursuit à outrance, que l'oppression de ses
pères dénaturés a déshéritée dès son ber-
ceau, qui gravite laborieusement vers le ni-
veau social, et que repousse la réaction des
préjugés dont elle fut toujours la victime.

L'histoire dira ses souffrances et sa ten-
dance naturelle à la conciliation dont elle
est l'image vivante. Sans doute elle reven-
dique la dignité du citoyen ; c'est là sa con-
spiration *morale et permanente* ; sans doute elle
aime la République qui a brisé ses fers, c'est

un grief énorme par le temps qui court. Elle a aussi fait preuve de reconnaissance, au péril même de ses intérêts, et au risque d'être mal comprise, mais les appétits *de domination; mais le fanatique espoir de renouveler Saint-Domingue.* (Quelle dérision !) Mais l'idée *d'expulser les blancs par le chômage et l'incendie sont* autant d'accusations fausses, plus méchantes encore que stupides.

J'accomplis donc, comme un religieux devoir, la mission que mes concitoyens m'ont offerte, et que j'ai acceptée, de déclarer publiquement et solennellement à tous ceux qui liront ces lignes, que les mulâtres et les noirs français sont aussi bons citoyens que les blancs; qu'on les calomnie odieusement dans un but insensé; qu'ils ont bien *la conscience du juste et de l'injuste,* et que rien, dans le passé ni dans le présent, ne justifie les craintes injurieuses répandues à leur égard dans les régions du pouvoir.

Puisqu'aucun désaveu, aucun blâme, aucune poursuite, n'ont arrêté le cours des excitations à la haine qui se publient, au mépris d'une loi récemment votée, il faut bien que la population calomniée fasse entendre la vérité.

Le prétendu complot de Marie-Galante et de la Guadeloupe n'a pas été trouvé par l'œil investigateur de la justice régu-

lière, après un an de recherches infruc-
tueuses.

Voilà six mois que l'autorité militaire qui n'y va pas de main morte, à la Pointe-à-Pitre, cherche en vain ce *complot du feu* (le mot est joli), dont *l'existence n'est démontrée de la manière la plus claire* qu'au correspondant anonyme du *Journal des Débats.*

Le *journal officiel de la Martinique* reconnaîtra sans peine que *l'association de misérables qui, n'ayant rien à perdre, se trouvent avoir tout à gagner dans un bouleversement,* ne signifie pas, il faut le dire, les nègres et les mulâtres; et qu'aucune poursuite sérieuse ne donne une réalité à ce fantôme. En effet, les notices des assises qu'il a publiées ne révèlent rien de semblable. Il faudrait descendre, dit-on, dans les greffes des justices de paix; mais quand c'est une pareille juridiction que l'on invoque, il n'est pas même nécessaire d'examiner s'il y a eu des condamnations contre les *principaux meneurs arrêtés,* et bientôt relâchés sans forme de procès.

Ils sont bien coupables, quels qu'ils soient, ces misérables isolés qui, par les incendies de la Guadeloupe, ont mis en suspicion toute une population ayant plus besoin de protection que de lutte!

Ils sont plus coupables encore, parce qu'ils savent ce qu'ils font, ceux qui entretiennent par la calomnie l'antagonisme des races, et allument la guerre civile au milieu des décombres du pays qu'ils devraient aimer.

Telle est la protestation de la minorité de la Martinique.

Elle s'associe aux douleurs de ses frères, en majorité à la Guadeloupe.

Elle répudie les épithètes menteuses qui lui sont prodiguées avec une persistance antisociale, et espère que le gouvernement de la République ne doutera pas de ses bons sentiments.

PORY-PAPY,
Ex-constituant.

Saint-Pierre-Martinique, le 3 novembre 1850.

PAROLES PRONONCÉES A LA TRIBUNE CONTRE LES NOUVEAUX ÉMANCIPÉS, PAR M. LE MINISTRE DE LA MARINE ET DES COLONIES.

Dans la lettre de M. Perrinon qu'on vient de lire plus haut et dans le beau manifeste de la minorité de la Martinique, il est fait allusion à quelques paroles prononcées à la tribune (séance du 7 août 1850) par M. le ministre de la marine et des colonies. Voici ces paroles, textuellement empruntées au *Moniteur :*

« Nous vivons dans un pays où les fonc-
« tionnaires publics peuvent être attaqués

« impunément tous les jours. Le bon sens
« d'une nation essentiellement intelligente
« en fait justice. Mais dans les colonies, en
« présence d'une société encore dans l'en-
« fance, d'une société *qui n'a pas encore de*
« *notions exactes du juste et de l'injuste, du*
« *bien et du mal,* je dis qu'avant d'initier cette
« société aux malheureuses passions qui dé-
« solent la vieille Europe, il faudrait aupa-
« ravant l'initier *aux principes d'éternelle mo-*
« *rale et d'éternelle justice qui lui sont malheu-*
« *reusement presque inconnus.*

« Il faudrait (je sais que je vais soulever
« des murmures violents), il faudrait, par
« une éducation religieuse bien entendue,
« poursuivie avec persévérance, apprendre
« à ces malheureux, qui sont dignes de notre
« sollicitude, *que l'inceste, l'adultère, l'incen-*
« *die, le vol sont des crimes.* »

M. le ministre s'attendait à soulever des
murmures violents, *le Moniteur* constate qu'il
n'en fut rien ; je me bornai à dire à M. Romain-Desfossés : « C'est une calomnie, une
odieuse calomnie, » et il continua tranquil-
lement sa lecture.

En effet, M. le ministre lisait ! Ces outrages prodigués à la classe entière des
émancipés, ils étaient écrits, ils n'ont pas
été arrachés, dans le feu d'une discussion, à
un mouvement de contrariété ou de colère,

M. le ministre de la marine et des colonies les a proférés sans provocation aucune et de propos bien délibéré ; c'est que M. Romain-Desfossés croit aveuglément certains fonctionnaires des Antilles qui partagent toutes les passions et tous les préjugés de quelques meneurs rétrogrades.

Mon honorable ami, M. Perrinon, en répondant, n'a pas eu de peine à établir combien peu était excusable une telle attaque ; il lui a suffi de rappeler que les nouveaux citoyens, si cruellement insultés, avaient montré, à peine libres, un sens moral extraordinaire. M. Romain-Desfossés l'ignorait-il donc ? Il est constaté, *officiellement* constaté, que, parmi les affranchis, le nombre des mariages légitimes (impossibles du temps de l'esclavage) dépasse toutes les espérances que les amis les plus ardents des nègres avaient pu concevoir. Il est constaté de même que ces nègres, si familiers avec le vol, au dire du ministre, consacrent le fruit de leurs laborieuses économies à acheter de petits morceaux de terre. Nous avons sous les yeux un tableau officiel de leurs récentes acquisitions, qui, pour le seul arrondissement de la Basse-Terre-Guadeloupe, s'élèvent à 33,881 fr., partagées entre quarante-six acheteurs.

Au surplus, comment se fait-il, si M. Romain-Desfossés croit être dans le vrai, comment se fait-il qu'il n'ait jamais essayé quoi que ce soit, depuis un an qu'il est ministre, pour l'éducation d'hommes, qui en ont un tel besoin? Comment se fait-il qu'il ait, au contraire, repoussé la proposition faite en commun par MM. Jouannet, Perrinon et moi, tendant à appliquer aux colonies la loi sur l'instruction publique? Il sait pourtant bien que le peu d'écoles qui existent aux Antilles regorgent d'élèves, et que plus de la moitié des enfants que les nègres y envoient n'y peuvent trouver place. Quoi! deux siècles d'esclavage, sous la domination absolue de maîtres blancs, ont corrompu à ce point les hommes noirs que « les principes d'éternelle morale leur sont inconnus, » et M. Romain-Desfossés se plaint qu'on les ait émancipés trop tôt! C'est à peine croyable. En tous cas, il est permis de s'étonner qu'au moment où M. le ministre de la marine présentait une loi sur la presse qui punit « l'excitation à la haine et au mépris d'une classe contre l'autre, » son langage ait été précisément une excitation à la haine et au mépris de la race noire. Si les lois avaient un effet rétroactif, le premier délit qu'on aurait eu à poursuivre, en vertu de la loi nouvelle, c'eût été assurément le discours qu'il a lu pour l'obtenir. Que ferait-il, que pourrait-il faire si les journaux blancs disaient aux nègres : « Reconnaissez la suprématie que nous revendiquons ; vous n'êtes point nos égaux ; le ministre des colonies a proclamé que votre émancipation avait été une imprudence, que vous étiez des malheureux dignes de pitié, sans notion exacte du bien et du mal, et auxquels il fallait apprendre que l'inceste, l'adultère, l'incendie et le vol sont des crimes. » Le fait est que jamais les organes les plus exaltés des anciens maîtres n'ont lancé aux nouveaux libres d'insultes aussi poignantes, aussi bien faites pour exaspérer leur indignation ; jamais ils n'ont tenu contre eux un langage à la fois plus méprisant et plus imprudent. Certes, leur polémique est d'une violence extrême, mais il leur serait impossible de surexciter autant les passions que M. le ministre des colonies, par les injures adressées du haut de la tribune à la classe tout entière des émancipés. Par bonheur, l'admirable bon sens des noirs suffira pour en faire justice.

Nous ne mettons dans ces réflexions aucune animosité contre M. le ministre de la marine et des colonies, nous avons seulement voulu montrer combien les autorités, dont les rapports peuvent lui donner de pareilles idées, sont hostiles aux classes qu'elles présentent sous un jour aussi faux qu'odieux.

— —

DERNIER MOT.

Maintenant, nous faisons appel aux hommes sérieux de toutes les opinions en France : qu'ils s'éclairent consciencieusement sur ce qui se passe aux colonies, qu'ils étudient la conduite des deux partis. Pour cela, qu'ils mettent la politique de côté : la politique n'a rien à voir dans ce débat.

On indispose fort habilement la majorité de l'Assemblée contre nos amis des Antilles en en faisant des *socialistes*, toutefois il importe qu'on le sache, comme l'a très-bien dit le *Journal des Débats* lui-même, pour les hommes du passé aux Antilles, tous les abolitionistes sont des socialistes. Cette tactique a réussi ; la majorité a conçu des préventions et le gouvernement craint de passer pour protéger des socialistes en se montrant impartial ; mais la pure vérité est qu'il n'y a ni socialistes ni conservateurs à la Martinique et à la Guadeloupe, il n'y a que des classes dont l'une veut l'égalité, sortie pour elle de la révolution, et dont l'autre a des coryphées qui revendiquent imprudemment pour elle une ancienne prépondérance.

Au surplus, pour montrer ce qu'on doit croire de toutes les calomnies répandues contre *les rouges, les anarchistes* des colonies, nous rapporterons un épisode de cette déplorable guerre. Lorsque le ministère de la marine rappela le commissaire général, M. Perrinon, il céda aux plaintes les plus ardentes de quelques colons, il n'y allait pas moins que du salut de la race européenne menacée, disait-on, par les fureurs de la substitution et la *barbarie native des Africains*. On avait tant dit au pouvoir exécutif, la *Feuille de la Martinique*, organe du prétendu parti de l'ordre avait tant répété que l'administrateur mulâtre menait cette île à l'anarchie et au massacre des blancs, qu'il avait fini, certaines influences aidant, par en être persuadé ; M. l'amiral Bruat, nouveau gouverneur général de la Martinique, partit également avec cette idée. Voici ce qui arriva. Peu de temps après son débarquement, l'amiral reçut une députation de colons qui venaient, disaient-ils, « *saluer en lui toutes les espérances d'un avenir meilleur.* » Mais, instruit par le spectacle qu'il avait sous les yeux, cet officier général répondit : « Messieurs, la « France ne peut faire pour votre pays tout « ce qu'elle voudrait..... Si vos ports sont « abandonnés, c'est qu'en Europe on vous « croyait en proie au plus affreux désordre. « Moi-même, je pensais, en venant vers vous, « qu'il me faudrait tirer le sabre, *mais l'ordre* « *et la tranquillité vous sont assurés,* je vous « promets de les maintenir. »

M. Bruat resta longtemps dans ces convictions, si bien qu'alors on l'accusait catégoriquement, nominativement, d'être un des chefs du complot ayant pour but l'expulsion de la race blanche; on l'appelait le grand amiral des rouges!

A une époque où ne se publiait à la Martinique que deux feuilles appartenant toutes deux aux anciens privilégiés, l'amiral écrivait encore à M. le ministre de la marine, le 25 septembre 1849, après une année de séjour aux Antilles : « La presse « périodique est aux colonies un des plus « puissants éléments de l'agitation des « esprits. Son langage incisif et passionné, « *reflet, soit du regret du passé*, soit d'une espé- « rance antigouvernementale, se livre, etc. « Le Courrier, *qui se prétend l'organe des amis* « *de l'ordre, entretient et crée ici des désordres* « préjudiciables aux intérêts des propriétai- « res sérieux. *Les calomnies qu'il avance* sont « tellement *inouïes* qu'elles peuvent tromper « ceux qui ne connaissent pas les faits et les « personnes. »

Oui, ces accusations de propagande de haine, portées par une infime faction des anciens privilégiés contre la classe de couleur, ne peuvent égarer que ceux qui ne connaissent pas les faits et les personnes. Et, qu'on ne s'y trompe pas, elles ne sont pas nouvelles, elles furent toujours le cri des contempteurs de l'égalité aux colonies, le moyen qu'ils employèrent pour perdre ceux qui refusent d'y reconnaître la suprématie d'une race sur les autres. Pourquoi les martyrs de 1824 eurent-ils à la Martinique les épaules brûlées par le fer rouge du bourreau et furent-ils envoyés aux galères à perpétuité ? « Pour avoir colporté un libelle, conçu de « manière à *émouvoir les esprits et à soulever* « *les hommes de couleur contre les blancs.* » (Arrêt du 12 janvier 1824.)

C'est encore le même langage, presque les mêmes mots.

Les hommes de haine et de division qui ont fait le malheur des colonies n'épargnèrent pas plus la Guadeloupe que la Martinique, sitôt après l'émancipation, ils dirent comme aujourd'hui, que cette île « était livrée à l'anarchie, que les blancs y étaient menacés d'extermination. » Le conseil privé de la Guadeloupe répondit à ces implacables mensonges, le 12 août 1848, par une déclaration signée de MM. Gatine, commissaire général, Bayle-Mouillard, procureur général, Pascal, commandant militaire, Guillet, ordonnateur, Lignières (colon), directeur de l'intérieur, Bonnet (colon), Mollenthiel (colon), etc.

« Il n'est pas vrai que la Guadeloupe soit

livrée à l'anarchie ; il n'est pas vrai que nous soyons exposés à la famine ; il n'est pas vrai, surtout, que les blancs soient menacés d'extermination. » Peu de temps après, M. le procureur général disait encore dans une circulaire : « La tranquillité devient de plus en plus grande ; d'excellents rapports semblent s'établir entre les propriétaires et les travailleurs. »

Les colonies jouirent, longtemps après l'émancipation, d'un calme réel ; nous n'avons pas le projet d'exposer ici comment et par qui elles furent jetées dans la guerre civile, cela nous ferait sortir du cadre de cet écrit : ce que nous voulons dire, c'est qu'on est en vérité bien injuste aujourd'hui envers la classe de couleur ; on lui suppose volontairement, sans l'ombre même d'une preuve, d'exécrables desseins, comme si l'on ne se souvenait pas qu'aux heures de crise, elle montra une sagesse, un dévouement à l'ordre, nous ne craignons pas de dire, une générosité auxquels ses adversaires eux-mêmes, devenus trop ingrats, rendirent publiquement hommage. Le 22 mai 1848, alors que l'émancipation n'était pas encore prononcée, une arrestation arbitraire soulève les esclaves de tout un quartier, à la Martinique ; la révolte la plus menaçante est maîtresse de la ville de Saint-Pierre, l'autorité a disparu.

Quelle fut, dans cette grave occurrence, la conduite des mulâtres, qui rêvent actuellement le massacre de la race blanche pour se substituer à elle? L'adresse suivante, présentée à M. François Procope par les blancs de Saint-Pierre, va nous l'apprendre :

« Saint-Pierre-Martinique, 30 mai 1848.

« Citoyen,

« Au nom des habitants du Mouillage, de « nos *femmes*, de nos *enfants*, *protégés et sauvés* « *par vos soins* dans la douloureuse nuit du « 22 mai, nous vous prions d'agréer le tri- « but de notre profonde reconnaissance. « Si votre *prudence* s'est plue à taire les me- « sures sages et hardies à l'aide desquelles « vous avez dominé une situation si critique, « nos cœurs les ont devinées, quand nous « n'avons trouvé que *secours et protection* là, « où, sans elles, nous n'eussions trouvé, « peut-être, *qu'hostilités et dangers.* Nous « vous rendons grâces, citoyen, ainsi « qu'à *tous ces nombreux citoyens qui ont si* « *noblement mis en pratique, et quelquefois au* « *péril de leur vie, la mémoire de* FRATERNITÉ « *qu'ils tenaient de vous :* soyez notre inter- « prète auprès d'eux. Pour la *plupart*, ils se « sont dérobés à nos remercîments, ne vou-

« lant que le témoignage de leur conscience.
« Qu'ils en jouissent donc dans le secret
« d'une noble fierté, et puisse Dieu récom-
« penser tant *de grandeur et de dévouement !*

« Salut et fraternité :

« *Wenter-Durennel, juge de paix ; —*
« *Coutens, — G. Borde, — J. Borde, —*
« *C. de la Rivière, — Artaud fils, — Le-*
« *grand, — Cicéron, avocat, — E. Porry,*
« *— Giraud, — E. Saint-Vel, — Alph.*
« *Saint-Vel, — Clément de Caton, —*
« *Glandut, — Th. Surlemont. — Cassé*
« *de Lauréat de Sainte - Croix, — R.*
« *Boutéreau, — J. Bonnet, — A. Lepelle-*
« *tier, — R. O'Shanghnessy, — Bour-*
« *rouet, Carlhan. »*

M. François Procope nommé, après le
22 mai, commissaire de police, n'a pas
échappé depuis aux destitutions systématiques qui sont venues frapper presque tous
les noirs et mulâtres qui avaient été appelés,
par l'abolition de l'esclavage, à des fonctions
publiques. Lui aussi est actuellement un
anarchiste des plus dangereux !

Quoi ! ce mulâtre qui, au 22 mai 1848, a
sauvé *les femmes et les enfants* des blancs, veut
aujourd'hui opprimer, expulser les maris et les
pères ! Quoi ! il les a protégés *avec grandeur*

et dévouement, pour ensuite souffler la haine contre eux! Evidemment c'est impossible. Et ces *nombreux* citoyens *qui ont mis la fra-ternité en pratique au péril de leur vie*, auprès desquels on n'a trouvé que *secours et protection* lorsqu'on S'ATTENDAIT à ne trouver qu'*hos-tilité et danger*, ne sont-ce pas les nègres et les sang-mêlés que l'on représente à cette heure comme « des Africains éclairant par « l'incendie des tueries inconnues parmi les « hordes qui habitent les contrées les plus « sauvages (1). »

A la Guadeloupe, grâce au ciel, aucun évé-nement funeste ne vint troubler la paix pu-blique; mais les hommes de couleur s'y sont-ils montrés hostiles aux colons? Ont-ils mal employé leur grande influence sur les af-franchis? Ecoutons le procureur général d'alors, M. Bayle-Mouillard, en ce moment secrétaire général du ministère de la jus-tice :

« Justice a été faite à tous. Les mulâtres, « pour qui cette justice était *presque une nou-* « *veauté*, en ont gardé bon souvenir, et leur « reconnaissance *n'a pas été étrangère au main-* « *tien de l'ordre*, quand la révolution répu- « blicaine est venue nous surprendre, *presque* « *sans forces, presque sans autorité*, en face de

(1) Pétition des colons et négociants résidant au Hâvre.

« Saint-Domingue et à quinze cents lieues de
« la France (1). »

On oublie, on veut oublier tout cela, et
c'est avec trop de raison que nous pouvons
répéter ce que M. le capitaine de vaisseau
Layrle, ancien gouverneur de la Guiane et
de la Guadeloupe, aujourd'hui directeur du
personnel au ministère de la marine, disait
tristement en 1842 :

« *Les torts ne sont pas du côté de la classe de*
« *couleur.* L'exclusion sociale dont elle est
« frappée peut faire naître en elle des res-
« sentiments, des idées de vengeance contre
« ceux *qui la tiennent dans l'isolement.* Les progrès
« des mulâtres n'atténueront pas les fâcheux
« dissentiments que *les prétentions injustes de*
« *nos colons* ont fait naître (2). »

Aux prétentions injustes dont parle
M. Layrle, il faut ajouter aujourd'hui l'in-
signe et déplorable faiblesse que met à les
écouter un ministère dont le premier devoir
serait de les réprimer.

Voilà cette classe si longtemps écrasée par
une législation sauvage et que l'on semble
vouloir écraser de nouveau sous les imputations les plus horribles ! Telle fut la con-

(1) *Discours d'installation* de M. Bayle, comme procureur général près la Cour de Douai.

(2) *Abolition de l'esclavage dans les colonies anglaises,*
p. 273.

duite des hommes dont un journal de la Guadeloupe disait naguère : « La première « cause qui s'oppose à la fusion des races « aux colonies est *la haine systématique* de la « classe de couleur contre la classe blanche ; « la seconde est cette envie, cette jalousie « qui ouvrirent la scène du monde par un « *fratricide de la race de couleur* contre *la race* « *blanche.* Les mulâtres n'ont jamais pu par- « donner aux blancs *la supériorité native* de « ceux-ci ! » (*Commercial,* 7 novembre 1849.)

Et les insensés qui introduisent ainsi leurs implacables passions de caste dans la famille immédiate d'Adam, les insensés qui poussent l'aberration de leurs préjugés jusqu'à faire de Caïn un mulâtre et d'Abel un blanc, par-lent de la haine *systématique des métis contre les caucasiens !*

Nous demandons que l'on se rappelle l'a-dresse remise à M. Procope, nous deman-dons que l'on médite les paroles du conseil privé de la Guadeloupe, de M. Layrle, de M. Bayle-Mouillard, de M. Bruat et l'accusa-tion de complot contre la classe blanche, dont ce dernier fut l'objet en même temps que M. Tracy, alors ministre ; on jugera alors ce qu'il faut penser de ceux que les mêmes ac-cusateurs continuent à présenter comme des *anarchistes*, des *incendiaires cherchant l'égalité dans la misère ;* on jugera de *ces calomnies inouïes* en pesant surtout ce fait, de la dernière authenticité : c'est que les maisons des incendiaires sont *les seules* qui brûlent, c'est que les incendies n'ont politiquement profité qu'aux accusateurs (1). Sans les incendies, en effet, les prétendus amis de l'ordre, comme s'exprime M. le gouverneur général des Antilles, n'auraient pas obtenu l'état de siége, et avec l'état de siége la dissolution des conseils municipaux où nègres et sang-mêlés se trouvaient en majorité ; les cartes de sûreté, qui entravent la libre locomotion des individus des classes suspectes ; enfin, l'emprisonnement ou la proscription des mulâtres influents dénoncés comme dangereux.

V. Schoelcher.

(1) Je constate ici un fait positif, mais je déclare n'en pas induire que les accusateurs sont les incendiaires ; si je le croyais, je ne l'insinuerais pas, je le dirais en face : je ne le crois pas. Dans ma conviction les incendies de la Guadeloupe sont, les uns, les deux plus considérables, des accidents malheureux ; les autres, trois ou quatre *tentatives*, des crimes tout individuels, que des hommes sans cœur exploitent perfidement, en les généralisant, au détriment de leurs adversaires politiques.

FIN.